KB263779

러시아인을 위한 한국어 문법

어 건 주 지음

Пособие по грамматике корейского языка

О Кон Чжу

Содержание

Предисловие

Цель пособия – помочь студентам в освоении корей ского языка, с грамматикой которого знакомит эта книга.

В главе I описываются фонемы корей ского языка, структура слога и его произношение.

В главе II мы знакомимся с лексикой и способами словообразования в корей ском языке.

В главе III даны значение и характеристика частей речи и их роль в предложении.

Глава IV посвящена функционированию членов предложения, а также значению различных грамматических факторов.

В конце пособия содержатся термины грамматики корей ского языка, соответствующие русским эквивалентом.

Это пособие, к сожалению, недостаточно для того, чтобы овладеть корей ским языком. Но автор надеется на то, что оно окажется вам полезным.

Автор благодарит всех, кто оказал помощь в составлении этого учебника.

I. Фонетика

Фонетика

1. Фонема

Фонема – это минимальная звуковая единица языка, которая служит для различения значимых единиц языка (морфем и слов).

Слова '달луна' – '탈маска' отличаются фонемами /ㄷ/-/ㅌ/, и слова '강река' – '공мяч' отличаются фонемами /ㅏ/-/ㅗ/.

В корей ском языке сорок фонем. Десять из них соответствуют простым гласным, одиннадцать – дифтонгам и девятнадцать – согласным.

1.1 Гласные

Гласные – это звуки, которые произносятся при выдохе, когда воздух проходит через горло и рот без преград. Корей ские гласные делятся на простые гласные и дифтонги.

1.1.1 Простые гласные

Простые гласные – это гласные, при произношении которых губы и язык остаются неподвижными; ㅏ, ㅐ, ㅓ, ㅔ, ㅗ, ㅚ, ㅜ, ㅟ, ㅡ, ㅣ.

Простые гласные бывают: нижнего, среднего и верхнего подъёма; переднего и заднего ряда; огубленные и неогубленные.

В таблице приведены простые гласные корейского языка.

подъём \ ряд	передний		задний	
	неогуб.	огуб.	неогуб.	огуб.
верхний	ㅣ	ㅟ	ㅡ	ㅜ
средний	ㅔ	ㅚ	ㅓ	ㅗ
нижний	ㅐ		ㅏ	

1.1.2 Дифтонги

Гласные, при произношении которых язык передвигается с одного определённого места в другое, называется дифтонгами.

Корейские дифтонги делятся на три типа;

① Дифтонги ‘ㅑ, ㅕ, ㅛ, ㅠ, ㅒ, ㅖ’:

Артикуляция начинается с глайда (полугласного) ‘ㅣ’, который произносится вместе с простыми гласными:

ㅑ (= ㅣ + ㅏ), ㅕ (= ㅣ + ㅓ)

ㅛ (= ㅣ + ㅗ), ㅠ (= ㅣ + ㅜ)

ㅒ (= ㅣ + ㅐ), ㅖ (= ㅣ + ㅔ)

② Дифтонги '과, 괘, 궈, 궤':

Артикуляция начинается с глай да 'ㅗ' или 'ㅜ', который произносится вместе с простыми гласными:

과 (= ㅗ + ㅏ), 괘 (= ㅗ + ㅐ)
궈 (= ㅜ + ㅓ), 궤 (= ㅜ + ㅔ)

③ Дифтонги 'ㅢ':

Артикуляция начинается с редуцированного гласного 'ㅡ', который произносится вместе с гласным 'ㅣ':

ㅢ (= ㅡ + ㅣ)

1.2 Согласные

Согласные отличаются друг от друга местом и способом образования.

По месту образования согласные делятся на губно-губные (ㅂ, ㅃ, ㅍ, ㅁ), переднеязычные передненёбные (ㄷ, ㄸ, ㅌ, ㅅ, ㅆ, ㄴ, ㄹ), среднеязычные средненёбные (ㅈ, ㅉ, ㅊ), заднеязычные задненёбные (ㄱ, ㄲ, ㅋ, ㅇ), глотальные (ㅎ). (На первом месте упоминается активный орган, на втором – пассивный .)

По способу образования согласные делятся на смычные (ㅂ, ㅃ, ㅍ, ㄷ, ㄸ, ㅌ, ㄱ, ㄲ, ㅋ), аффрикаты (ㅈ, ㅉ, ㅊ), фрикативные (ㅅ, ㅆ, ㅎ), носовые (ㅁ, ㄴ, ㅇ) и боковой (ㄹ).

Смычные и аффрикаты состоят из простых (ㄱ, ㄷ, ㅂ, ㅅ, ㅈ), глоттализованных (ㄲ, ㄸ, ㅃ, ㅆ, ㅉ) и придыхательных (ㅋ, ㅌ, ㅍ, ㅊ) звуков.

Согласные могут быть звонкими и глухими. К звонким согласным относятся носовые и боковой (ㅁ, ㄴ, ㅇ, ㄹ), к глухим – смычные, аффрикаты, фрикативные.

Когда глухие согласные 'ㄱ, ㄷ, ㅂ, ㅈ' стоят между гласным и либо между звонким и гласным, они преобретают свой ства звонкости. Например, 아기, 가다, 아버지, 감자.

Нижеприведенная таблица иллюстрирует признаки согласных корей ского языка.

способ артикуляции			место артикуляции				
			①	②	③	④	⑤
глухие	⑥	простые	ㅂ	ㄷ		ㄱ	
		глоттализованные	ㅃ	ㄸ		ㄲ	
		придыхательные	ㅍ	ㅌ		ㅋ	
	⑦	простые			ㅈ		
		глоттализованные			ㅉ		
		придыхательные			ㅊ		
	⑧	простые		ㅅ			ㅎ
		глоттализованные		ㅆ			
звонкие		носовые	ㅁ	ㄴ		ㅇ	
		боковой		ㄹ			

① губно-губные ② переднеязычные передненёбные

③ среднеязычные средненёбные

④ заднеязычные задненёбные ⑤ глотальные

⑥ смычные ⑦ аффрикаты ⑧ фрикативные

1.3 Долгота звука

Корей ские гласные различаются по долготе звука, и соответственно выделяются краткие и долгие слоги.

Долгота звука в корей ском языке играет смыслоразли-
чительную роль.

눈 (глаза) – 눈: (снег)

말 (конь) – 말: (речь)

발 (нога) – 발: (штора)

밤 (ночь) – 밤: (каштан)

가정 (семья) – 가:정 (предположение)

무력 (бессилие) – 무:력 (вооружённые силы)

사신 (частное письмо) – 사:신 (посланник)

Если долгий слог выступает в качестве второго или ещё
последующего слога из-за способа словообразования,
этот слог теряет долготу и становится коротким.

한국(Корея) + 말: → 한국말(корей ский язык)

2. Слог

Слогом называют совокупность звуков, которые произносятся одним толчком воздуха. Слог состоит из одного или нескольких звуков, среди которых обязательно наличие гласного.

Слог составляют:

     а) гласный – 아, 어, 오 и др.

     б) согласный + гласный – 가, 너, 도 и др.

     в) гласный + согласный – 안, 욱, 엄 и др.

     г) согласный + гласный + согласный – 강, 넘, 설 и др.

В последнем случае начальным звуком называется согласный , который находится перед гласным, гласный между согласными – срединным, согласный после гласного – конечным.

Например, слово '천' состоит из двух согласных и одного гласного. Согласный 'ㅊ' называется начальным звуком, гласный 'ㅓ' – срединным и согласный 'ㄴ' – конечным.

2.1 Произношение согласных в конце слога

В корейском языке в позиции абсолютного конца слога могут стоять только семь согласных: ㄱ, ㄴ, ㄷ, ㄹ, ㅁ, ㅂ, ㅇ. Если другие согласные находятся на этом месте, происходит мена звуков на одним из этих согласных.

① В позиции конца слога ‘ㅍ’ переходит ‘ㅂ’:

  잎лист – [입], 숲лес – [숩], 무릎колено – [무릅]

② ‘ㅅ, ㅆ, ㅈ, ㅊ, ㅌ’ – ‘ㄷ’:

  옷одежда – [온], 갔다шёл – [갇따],
  낮день – [낟], 꽃цветок – [꼳], 끝конец – [끋]

③ ‘ㄲ, ㅋ’ – ‘ㄱ’:

  밖вне – [박], 부엌кухня – [부억]

④ Когда конечный согласный является сложным, произносится только один из составляющих его согласных. В этом случае произношение согласного следует вышеуказанному правилу.

а) От сложных согласных ‘ㅄ, ㄳ, ㄾ, ㄵ’ сохраняются только первые согласные:

  값цена – [갑], 몫доля – [목],
  핥다лизать – [할따], 앉다сидеть – [안따].

б) ‘ㄻ, ㄿ’ – вторые:

  젊다молодой – [점따], 읊다декламировать – [읍따]

в) '**ㄹㄱ, ㄹㅂ**' – мена согласных происходит нерегулярно:

읽다читать – [익따] или 읽고 – [일꼬],

넓다широкий – [널따], но 밟다ступать – [밥따]

На стыке морфемы, оканчивающей ся на согласный , и служебной морфемы, начинающей ся на гласный , происходит изменение слогораздела: конечный согласный первой морфемы составляет один слог вместе с начальным гласным второй морфемы. (Служебная морфема указывает на грамматические отношения между словами; значимая морфема – на конкретный объект или дей ствие.)

옷이одежда – [오시], 옷을одежду – [오슬],

미국에서в США – [미구게서]

Если морфема встречается с значимой морфемой , вышеизложенное правило соблюдается.

옷 안внутри одежды – [온안] – [오단]

В слсдуюшсй таблицс приводится произношение конечных согласных.

конечный согласный	произношение	примеры
ㄱ ㅋ ㄲ	ㄱ	북 барабан 부엌 кухня 밖 вне
ㄴ	ㄴ	손 рука
ㄷ ㅌ ㅈ ㅊ ㅅ ㅆ ㅎ	ㄷ	곧 сразу же 솥 котёл 낮 день 빛 свет 이웃 сосед 있다 есть 낳다 родить
ㄹ	ㄹ	돌 камень
ㅁ	ㅁ	곰 медведь
ㅂ ㅍ	ㅂ	집 дом 앞 передняя часть
ㅇ	ㅇ	사랑 любовь
ㄳ	ㄱ	넋 душа
ㄴㅈ	ㄴ	앉다 сидеть
ㄹㅌ	ㄹ	핥다 лизать
ㄹㅁ	ㅁ	젊다 молодой
ㅂㅅ ㄹㅍ	ㅂ	값 цена 읊다 декламировать
ㄹㄱ	ㄹ	읽고
	ㄱ	읽다 читать
ㄹㅂ	ㄹ	넓다 широкий
	ㅂ	밟다 ступать

 Пособие по грамматике корейского языка

2.2 Ассимиляция согласных

В корей ском языке существуют три основных вида ассимиляции согласных в зависимости от качества уподобляемого звука: регрессивная, прогрессивная и совместная.

вид	соглас. ①	соглас. ②	как изменяется		примеры
③	ㅂ	ㅁ, ㄴ	ㅂ→ㅁ		집는다[짐는다], 앞날[압날]→[암날]
	ㄷ		ㄷ→ㄴ		받는다[반는다], 맏며느리[만며느리]
	ㄱ		ㄱ→ㅇ		국물[궁물], 속는다[송는다]
	ㄴ	ㄹ	ㄴ→ㄹ		신라[실라], 한라산[할라산]
④	ㅁ, ㅇ	ㄹ	ㄹ→ㄴ		남루[남누], 감로수[감노수] 종로[종노], 성립[성닙]
	ㄹ	ㄴ	ㄴ→ㄹ		칼날[칼랄], 찰나[찰라]
⑤	ㅂ	ㄹ	ㅂ→ㅁ		섭리[섭니]→[섬니]
	ㄷ		ㄷ→ㄴ	ㄹ→ㄴ	몇리[멷리]→[멷니]→[면니]
	ㄱ		ㄱ→ㅇ		백로[백노]→[뱅노]

① первый ② следующий ③ регрессивная ④ прогрессивная
⑤ совместная

2.2.1 Носовая ассимиляция согласных

① Конечные согласные 'ㅂ, ㄷ, ㄱ' перед носовыми соглас-ными 'ㅁ, ㄴ' произносятся носовыми 'ㅁ, ㄴ, ㅇ'.

밥물[밤물], 밟는다[밤는다]
국물[궁물], 먹는다[멍는다]
웃는다[욷는다]→[운는다]

② Когда начальный согласный '᠊ᄅ' встречается с конечными согласными 'ㄱ, ㄷ, ㅂ', то превращается в носовой 'ㄴ'.
И перед этим носовым 'ㄴ' конечные согласные 'ㄱ, ㄷ, ㅂ'
произносятся носовыми 'ㅁ, ㄴ, ㅇ'.

백리[백니]→[뱅니], 십리[십니]→[심니],
협력[협녁]→[혐녁]

③ Начальный согласный '᠊ᄅ' после носовых конечных
'ㅁ, ㅇ' произносятся носовым 'ㄴ'.

침략[침냑], 대통령[대통녕]

2.2.2 Боковая ассимиляция согласных

Согласный 'ㄴ' произносится 'ㄹ' и перед согласным 'ㄹ'
и после согласного 'ㄹ'.

줄넘기[줄럼끼], 신라[실라]

2.3 Смягчение

Когда конечные согласные 'ㄷ' и 'ㅌ' находятся перед
слогом, который начинается гласным 'ㅣ' или полуглас-
ным '/j/', они произносятся как 'ㅈ' и 'ㅊ'.

굳이упорно → [구디] → [구지]

해돋이восход солнца → [해도디] → [해도지]

같이вместе → [가티] → [가치]

붙이다приклеивать → [부티다] → [부치다]

2.4 Гармония гласных

Гармонией гласных называется явление, когда гласные '`ㅏ, ㅗ`' сочетается между собой , а гласные '`ㅓ, ㅜ, ㅡ, ㅣ`' сочетается между собой . Благодаря этому явлению в изменяемых частях речи образовалось два вида окончания '`-아/-어`', '`-아서/-어서`', '`-아도/-어도`', '`-았-/-었-`' и др.

깎다: 깎아, 깎아서, 깎아도, 깎았어요 ...

먹다: 먹어, 먹어서, 먹어도, 먹었어요 ...

3. Сокращение и выпадение

3.1 Сокращение согласных

Если согласные '`ㅂ, ㄷ, ㅈ, ㄱ`' стоят рядом с '`ㅎ`', то о ни, получая свой ство придыхательности, произносятся к ак согласные '`ㅍ, ㅌ, ㅊ, ㅋ`'.

좋다[조타], 좋고[조코], 많다[만타], 옳지[올치]

잡히다[자피다], 먹히다[머키다],
닫히다[다티다]→[다치다]

3.2 Сокращение гласных

Когда встречаются два гласных звука, они становятся одним гласным, дифтонгом.

오+아서 → 와서, 이야기 → 얘기
되+었다 → 됐다, 가지+었다 → 가졌다

3.3 Выпадение

Выпадением называется явление, когда встречаются две фонемы, одна из них выпадает.

3.3.1 Выпадение согласных

울+는 → 우는, 살+시다 → 사시다, 딸+님 → 따님
좋은[조은], 쌓이다[싸이다], 끓이다[끄리다]

3.3.2 Выпадение гласных

가+아서 → 가서, 서+어라 → 서라, 쓰어라 → 써라

Ⅱ. Лексика

Лексика

1. Однозначные и многозначные слова

Слово, имеющее одно лексическое значение, называется однозначным.

Эти слова обозначают только один предмет, признак или дей ствие. Например, словом '한글' обозначается корей ский язык, '공책' – тетрадь, '사과' – яблоко и др.

Слово, имеющее несколько оттенков лексических значе-ний , называется многозначным. Например,

<table>
<tr><td>가다 –</td><td>① идти</td><td>손 –</td><td>① рука</td></tr>
<tr><td></td><td>② уй ти</td><td></td><td>② ладонь</td></tr>
<tr><td></td><td>③ вступить ...</td><td></td><td>③ рабочая сила ...</td></tr>
</table>

2. Синонимы и антонимы

Синонимами называются слова, обозначающие одно и то же явление объективной дей ствительности, но различа-ющиеся по своему звуковому составу.

책방 : 서점 – книжный магазин

속옷 : 내의 – нижнее бельё

죽다 : 숨지다 : 사망하다 – умереть

Антонимами называются слова с противоположными лексическими значениями.

오다 : 가다 - прийти : уйти

높다 : 낮다 - высокий : низкий

3. Омонимы

Омонимы - это слова, совпадающие по звучанию и написанию, но различающиеся по значению.

눈[1] : глаз   밤[1] : ночь

눈[2] : снег   밤[2] : каштан

배가 아프다. Болит живот. (живот)

배를 먹었다. Съел грушу. (груша)

배가 떠 있다. Корабль плавает. (корабль)

4. Изменение смысла слова

С течением времени смысл слов изменяется. Можно выделить следующие типы изменения значения слова: расширение, сужение, переосмысление.

а) расширение смысла слова:

먹다 : кушать, есть → ① кушать, есть

② пить

③ курить ...

지갑 : бумажник → ① бумажник

② кошелёк, сделанный из кожи или
материи

б) сужение:

계집 : общее название, обозначающее женщину
→ грубое слово, обозначающее женщину

в) переосмысление:

어리다 : глупый → молодой

5. Словообразование

В корей ском языке слова образуются двумя способами: аффиксацией и сложением.

5.1 Аффиксальный способ

Способ образования слов, при котором к исходному слову присоединяется приставка или суффикс, называется аффиксальным.

5.1.1 Корень и аффикс

Корень – это главная часть слова, содержащая в себе основной элемент лексического значения слова, например '-몸' в слове '맨몸', '길-' в слове '길이'.

В структуре производного слова корень – часть слова без аффиксов, например '-몸', '길-'. В структуре сложного слова корнями являются все морфемы, образующие слово, например '손' и '발' в слове '손발', '봄' и '비' в слове '봄비'.

Корневые морфемы могут быть свободными и связанными. Свободными называются морфемы, которые могут употребляться в структуре слова без приставки и суффикса, например '손', '발', '몸'.

Связанными называются морфемы, которые употребляются в структуре слова только вместе с аффиксами, например '덮-' в слове '덮개', '길-' в слове '길이'.

Аффикс – это морфема, которая служит для образования новых слов. По месту в слове аффиксы делятся на суффиксы и приставки.

Приставкой является часть слова, находящаяся перед корнем, например '맨-' в слове '맨몸', '치-' в слове '치솟다'.

Суффиксом называется часть слова, стоящая после корня, например '-이' в слове '길이', '-개' в слове '덮개'.

5.1.2 Приставочный способ

Приставочный способ заключается в том, что к исходному слову присоединяется приставка. При этом слово относится к той же части речи, что и исходное слово.

    А. 올-: 올벼, 올콩, 올되다…

       덧-: 덧저고리, 덧문, 덧나다…

       헛-: 헛걸음, 헛소문, 헛듣다…

       …

    Б. 맨-: 맨손, 맨몸, 맨발…

       풋-: 풋사과, 풋감, 풋사랑…

       홀-: 홀아비, 홀어미…

       …

    В. 짓-: 짓누르다, 짓밟다…

       시-: 시퍼렇다, 시꺼멓다…

       들-: 들볶다, 들뜨다…

       …

Приставки в группе “А” могут присоединяется к имени существительному и изменяемым частям речи(к имени прилагательному и глаголу). Приставки “Б” присоединяется только к имени существительному, и приставки “В” – к изменяемым частям речи.

5.1.3 Суффиксальный способ

При образовании слов суффиксальным способом суффикс прибавляется к корню исходного слова. Это очень продуктивный способ.

Слова, образованные суффиксальным способом, относятся либо к разным частям речи, либо к тем же частям речи, что и исходные слова.

① Образование имён существительных

исходная ч. р.	суффиксы	примеры
имя существительное	-이 -꾼 -질	삼발이, 애꾸눈이 일꾼, 사냥꾼, 구경꾼 걸레질, 톱질, 싸움질
изменяемые части речи	-이 -음 -기 -개	길이, 높이, 넓이 웃음, 슬픔, 물음 말하기, 쓰기, 크기 덮개, 지우개
наречие	-이	뻐꾸기, 개구리, 기러기

② Образование глаголов

исходная ч. р.	суффиксы	примеры
глагол	-치- -뜨리-	놓치다, 덮치다 깨뜨리다, 흩뜨리다
наречие	-거리- -이-	철렁거리다, 끄덕거리다 속삭이다, 끄덕이다
имя существительное	-하-	공부하다, 위반하다

③ Образование имён прилагательных

исходная ч. р.	суффиксы	примеры
изменяемые части речи	-브- -다랗- -앟-	아프다(앓+브), 고프다(곯+브) 높다랗다, 좁다랗다 까맣다(깜+앟), 동그랗다
имя существительное	-답- -롭- -스럽-	정답다, 사람답다 슬기롭다, 향기롭다 자랑스럽다, 영광스럽다.
сущ. и наречие	-하-	가난하다, 차근차근하다

④ Образование наречий

исходная ч. р.	суффиксы	примеры
имя существительное	-내 -껏 -이	끝내 힘껏, 정성껏 나날이, 틈틈이
изменяемые части речи	-이/히 -오/우	깊이, 조용히, 고요히 마주, 자주, 도로
наречие	-장 -이 -암치	곧장 더욱이, 일찍이 일찌감치, 멀찌감치

5.2 Сложение

Сложение заключается в соединении двух или нескольких слов, в результате чего образуются сложные слова, например 집안(=집 + 안), 높푸르다(=높 + 푸르다).

5.2.1 Образование имён существительных

а) имя существительное + имя существительное: 국그릇, 길바닥, 앞뒤, 손발, 돼지고기

б) атрибутивная часть речи + имя существительное: 새해, 첫사랑, 몇달

в) конверсионная атрибутивная форма изменяемых частей речи + имя существительное: 날짐승, 찬이슬, 들것, 늙은이, 젊은이, 열쇠

г) наречие + имя существительное: 부슬비

5.2.2 Образование глаголов

а) имя существительное + глагол: 힘들다, 본받다, 앞서다, 빛나다

б) глагол + глагол: 여닫다, 들어가다, 뛰어오다, 돌아가다, 굶주리다

5.2.3 Образование имён прилагательных

а) имя существительное + имя прилагательное: 수많다, 낯설다, 겉늙다, 값싸다

б) имя прилагательное + имя прилагательное: 굳세다, 검붉다, 높푸르다, 검푸르다

5.2.4 Образование наречий

а) имя существительное + имя существительное: 밤낮, 집집

б) атрибутивная часть речи + имя существительное: 온종일, 어느덧

в) наречие + наречие: 문득문득, 잘못, 구불구불, 똑바로, 또다시

III. Морфология

III. Морфология

В корей ском языке девять частей речи: имя существительное, местоимение, имя числительное, частица, глагол, имя прилагательное, атрибутивная часть речи, наречие и междометие.

1. Главные части речи

К главным частяи речи относятся имя существительное, местоимение, имя числительное. Их функция в предложении очень важна: главным образом они играют роль подлежащего.

	подлежащее	частица	сказуемое
сущ.	문법 грамматика		어렵다. трудная
мест.	우리 мы	이/가	왔다. пришли
числ.	(사과) 하나 одно (яблоко)		남았다. осталось

С частицами или без частиц главные части речи играют роль главных членов предложения, как подлежащее, сказуемое, прямое дополнение, комплементарное дополнение, и др.

1.1 Имя существительное

Имя существительное – часть речи, которая обозначает предмет; 한국, 서울, 학생, 사과 и др.

Имя существительное может определяться атрибутивными словами. В отличие от существительного местоимение и числительное не могут определяться атрибутивными словами.

Оно не склоняется, и самостоятольно или вместе с частицей выступает в качестве разных членов предложения, таких, как подлежащее, комплементарное дополнение, определение, обстоятельство, сказуемое, прямое дополнение.

Имена существительные бывают собственными и нарицательными, а также самостоятельными и несамостоятельными(зависимыми).

В корей ском языке у существительных род грамматически не выражен.

1.1.1 Имена существительные собственные и нарицательные

Собственные имена существительные – это названия отдельных лиц и единичных предметов: фамилия и имя (김 철수, 이 영희 и др.), геоерафические названия(한국, 러시아, 서울, 모스크바 и др.), астрономические названия(태양, 지구, 달 и др.) и др.

Нарицательные имена существительные – это общие названия для всех однородных предметов и явлений (지하철, 사람, 하늘, 산 и др.).

1.1.2 Имена существительные самостоятольные и несамостоятольные

Самостоятельные имена существительные могут употребляться в предложении без помощи других слов: 문학, 건강, 한국어 и др.

동생이 <u>문학</u> 잡지를 읽는다.

Несамостоятельные имена существительные употребляются только при помощи других слов: 것, 분, 지, 채, 자루 и др.

연필 **한** <u>자루</u>를 얻었다.
이 **책**은 그의 <u>것</u>이다.

1.1.3 Функция имени существительного в предложении

① Подлежащее

<u>하늘이</u> 파랗다.
<u>새가</u> 노래한다.

② Прямое дополнение

>철수가 <u>책을</u> 읽는다.
>
>학생들이 <u>공부를</u> 한다.

③ Комплементарное дополнение

>형이 <u>대학생이</u> 되었다.
>
>이것은 <u>나무가</u> 아니다.

④ Определение

>모스크바는 <u>러시아의</u> 수도이다.

⑤ Обстоятельство

><u>집으로</u> 가자.
>
><u>공장에서</u> 일한다.

⑥ Самостоятельное слово

><u>영희야</u>, 창문 좀 열어라.
>
><u>조국이여</u>, 영원하여라.

⑦ Сказуемое

>저것은 <u>구름이다.</u>
>
>이 분이 우리의 <u>선생님이다.</u>

1.2 Местоимение

Местоимение – часть речи, которая указывает на лицо или предмет, но не называет их.

Оно не склоняется, и самостоятольно или вместе с частицей играет роль разных членов предложения, так же, как и имя существвительное.

По значению местоимения делятся на личные и указательные.

1.2.1 Личное местоимение

Личными местоимениями называются местоимения '나, 저, 너, 우리, 너희 и др.', которые указывают на людей .

> 나는 책을 읽고 있다. (→ я)
> 그는 잠을 잔다. (→ он)
> 우리는 학교에 간다. (→ мы)

При присоединении субъектной частицы '가' к местоимения '나, 저, 너' форма слов меняются.

> 나 + 가 → 내가, 저 + 가 → 제가, 너 + 가 → 네가

Когда к местоимению '나, 저, 너' присоединяются частицы '의, 에게', могут приобретать вид:

나 + 의 → 내: 나의 책 = 내 책, 나에게 = 내게

저 + 의 → 제: 저의 책 = 제 책, 저에게 = 제게

너 + 의 → 네: 너의 책 = 네 책, 너에게 = 네게

В нижеприведённой таблице указаны формы местоимений в зависимости от их значения, лица и числа.

лицо	число	форма		
		вежливая	вольная	скромная
первое	един.		나	저
первое	множ.		우리	저희(들)
второе	един.	당신	너	
второе	множ.	당신들	너희(들)	
третье	един.	이/그/저 분	이/그/저 사람	
третье	множ.	이/그/저 분들	이/그/저 사람들	
неопределённое			누구	
отрицательное			아무	
возвратное			자기, 당신	

너는 누구니?

이것은 아무도 모른다.

그 사람도 자기 잘못은 안다.

할아버지는 늘 당신 얘기만 하신다.

1.2.2 Указательное местоимение

Указательными местоимениями называются местоимения '이것, 그것, 저것, 무엇, 여기 и др.', которые указывают на предмет и его местонахождение.

이것은 공책이다. (→ это)

그것은 옷이다. (→ то)

저것은 호랑이다. (→ то)

В этих предложениях слово '이것' указывает на предмет, который находится ближе к говорящему, чем к слушающему, а слово '그것' обозначает предмет, который находится ближе к слушающему, чем к говорящему. Наконец, местоимение '저것' указывает на предмет, который находится далеко от обоих.

где находится	на что указывает	
	предмет	местонахождение
ближе к говорящему	이것	이곳, 여기
ближе к слушающему	그것	그곳, 거기
далеко от обоих	저것	저곳, 저기
неопределённое	어느 것, 무엇	어느 곳, 어디
отрицательное	아무 것	아무 곳, 아무데

1.2.3 Функция местоимения в предложении

① Подлежащее

이것이 가장 아름답다.

우리가 청소를 하겠다.

② Сказуемое

> 떠든 사람은 바로 <u>나다</u>.
> 우리가 찾던 것이 <u>이것이다</u>.

③ Прямое дополнение

> 철수가 <u>그를</u> 때렸다.
> 그들이 <u>무엇을</u> 했는가?

④ Комплементарное дополнение

> 나와 네가 모여 <u>우리가</u> 된다.
> 정답은 <u>그것이</u> 아니다.

⑤ Определение

> 이것은 <u>누구의</u> 연필입니까?
> <u>이곳의</u> 주인은 누구인가?

⑥ Обстоятельство

> <u>그들에게</u> 먹을 것을 주었다.
> <u>어디로</u> 가십니까?

⑦ Самостоятельное слово

> <u>그대여</u>, 슬픔일랑 두고 가오.

1.3 Имя числительное

Имя числительное – часть речи, которая обозначает количество или порядок предметов при счёте.

По разряду имена числительные делятся на количественные и порядковые, а по происхождению – на собственно корей ские числительные и числительные китай ского происхождения.

1.3.1 Количественные числительные

	исконные	китай . проис.		исконные	китай . проис.
1	하나	일	30	서른	삼십
2	둘	이	40	마흔	사십
3	셋	삼	50	쉰	오십
4	넷	사	60	예순	육십
5	다섯	오	70	일흔	칠십
6	여섯	육	80	여든	팔십
7	일곱	칠	90	아흔	구십
8	여덟	팔	99	아흔 아홉	구십 구
9	아홉	구	100	–	백
10	열	십	1000	–	천
11	열 하나	십 일	10000	–	만
12	열 둘	십 이	100000	–	십만
20	스물	이십	1000000	–	백만
21	스물 하나	이십 일	100000000	–	억

По причине того, что исконные имена числительные не могут обозначать количества предметов от ста и больше, употребляются числительные китай ского происхождения.

При счёте предметов используются особые счётные слова. В этом случае числительное употребляется в атрибутивной форме и зависит от счётного слова.

	предмет	числительная атрибутивная часть речи	счётное слово
우유 세 병	우유	세	병
개 열 마리	개	열	마리

사과 열 개 주세요. (→ атрибутивная часть речи)
열은 아홉 보다 크다. (→ имена числительные)

Если в предложении к числительному можно присоединить частицу, то оно является числительным. А если невозможно, оно – атрибутивной частью речи. Только собственно корей ские числительные могут использоваться в атрибутивной форме.

1.3.2 Порядковые имена числительные

Исконные порядковые числительные образуются следующим способом: 'исконные количественные числительные + (번)째'. При этом формы некоторых слов изменяются: 하나 → 첫, 둘 → 두, 셋 → 세, 넷 → 네...

первый	첫(번)째	пятый	다섯(번)째
второй	두(번)째	десятый	열(번)째
третий	세(번)째	одиннадцатый	열 한(번)째
четвёртый	네(번)째	двадцатый	스무(번)째

Порядковые числительные китай ского происхождения образуются следующим способом: '제 + количественные числительные китай ского происхождения'.

первый	제 일	десятый	제 십
второй	제 이	одиннадцатый	제 십일
третий	제 삼	двадцатый	제 이십
пятый	제 사	сороковой	제 사십

1.3.3 Функция имени числительного

Как и имена существительные и местоимения, имена чи слительные самостоятольно или вместе с частицей выст упают в роли разных членов предложения.

① Подлежащее

둘이 하나보다 더 크다.

② Сказуемое

하나 더하기 둘은 셋이다.

③ Прямое дополнение

    그녀가 우리 둘을 속였다.

④ Определение

    그녀는 우리 셋의 관계를 몰랐다.

⑤ Обстоятельство

    아홉을 셋으로 나누어 보아라.

⑥ Самостоятельное слово

    하나, 그것은 우리나라의 통일을 의미한다.

2. Частица

В корей ском языке частицы служат для связи слов в предложении, указания на синтаксическую функцию того или иного слова, а также для создания допольнительньых смыслов. Например, в выражении '나의 집' частица '의' маркирует слово '나' в качестве определения(나의). В предложении '나도 가고 싶나.' частица '도' имеет значение 'тоже'.

В предложении частицы часто опускаются, особенно в разговорной речи.

    머리(가) 아프다.

    무슨 책(을) 샀니?

학교(에) 가세요.

식사(를) 하세요.

Главным образом частицы присоединяются к имени существительному, имени числительному, местоимению, а кроме того, – ко всем частям речи, кроме атрибутивной части речи.

За исключением предикативной падежной частицы, частицы не изменяются. Предикативная падежная частица '이다' приобретает вид: 이다 – 이고, 이지, 이나, 이므로...

По своей функции частицы делятся на падежные, соединительные и смыслообразующие.

2.1 Падежные частицы

Падежные частицы определяют падеж слова, к которому они относятся.

내가 집에서 형의 책을 읽고 있다				
내 + 가	집 + 에서	형 + 의	책 + 을	읽고 있다
подлеж.	обстоят.	определение	прямое допол.	– –
가: субъектная	에서: адвербиальная	의: атрибутивная	을: объектная	

그녀가 선생님이 되었다.		
그녀 + 가	선생님 + 이	되었다
подлежащее	компл. дополнение	–
가: субъектная	이: комплементарная	

2.1.1 Субъектные падежные частицы

Наличие субъектной падежной частицы '이, 가, 께서, 에서' свидетельствует, что слово, к которому она присоединена, является подлежащим.

> 꽃이 예쁘다.
>
> 비가 옵니다.
>
> 아버지께서 오셨다.
>
> 대학교에서 합격자를 발표했다.

Частица '이' присоединяется к слову, оканчивающемуся на согласный , а частица '가' – к слову, оканчивающемуся на гласный . Частица '께서' выражает уважительное отношение. Субъектная падежная частица '에서' имеет одинаковую форму с адвербиальной падежной '에서', указывающей на место. Они различаются только по смыслу и роли в предложении.

2.1.2 Предикативная падежная частица

Предикативная частица '이다' характеризует слово, к

которому она относится, как сказуемое. Среди частиц изменяется только предикативная частица.

여기가 집<u>이고</u>, 저기가 산<u>이다</u>.
누가 학생<u>이냐</u>?

2.1.3 Объектные падежные частицы

Объектные частицы '을, 를' указывают на то, что слово, выполняет функцию прямого дополнения.

나는 책<u>을</u> 읽고 있습니다.
그는 잡지<u>를</u> 봅니다.

Частица '을' присоединяется к слову, оканчивающемуся на согласный , частица '를' – к слову, оканчивающемуся на гласный .

2.1.4 Комплементарные падежные частицы

Если рядом со словом находятся частицы '이, 가', то это слово выполняет в предложении функцию комплементарного дополнения.

아이가 어른<u>이</u> 된다.
그는 접장이<u>가</u> 아니다.

Они имеют одинаковую форму с субъектной падежной
'이, 가'.

2.1.5 Атрибутивная падежная частица

Атрибутивная частица '의' указывает на то, что слово
является определением.

    나의 생각이 옳다.

    가을은 독서의 계절이다.

2.1.6 Звательные падежные частицы

Звательные частицы '아, 야, 이시여 и др.' используются
при обращении, а также когда говорящий , рисуя перед
собой какую-то картину, воображаемую или реальную,
стремится назвать её (аналогично русскому именитель-
ному представлению).

    영희야, 집에 가자.

    아름다운 산히여, 영원하라.

2.1.7 Адвербиальные падежные частицы

Адвербиальные частицы '에, 에게, 에서, 으로 и др.' харак-
теризуют слово, к которому они присоединяются, как
обстоятельство.

남산은 서울에 있다.

누구에게 말했니?

학교에서 공부한다.

병으로 고생했어요.

2.2 Соединительные частицы

Соединительные частицы '과, 와, 하고 и др.' связывают два или более однородных члена предложения.

책과 공책이 필요하다.

종이와 연필을 가져와라.

Частица '과' используется после слова, оканчивающегося на согласный , а частица '와' – после слова, оканчивающегося на гласный . Вместо этих двух частиц можно использовать частицу '하고', например

책하고 공책   종이하고 연필

2.3 Смыслообразующие частицы

Смыслообразующие частицы вносят в предложение добавочные значения.

친구도 왔어요. ('도'означает 'тоже')

불고기는 맛있어요. ('는' противопоставляет одно другому)

форма	смысл	пример
-은/-는	сравнение	한국어는 재미있다.
-도	тоже	너도 왔구나.
-만, -뿐	только	나만 몰랐네.
-까지, -마저, -조차	даже	너까지 그러니.
-부터	с, из	너부터 시작해라.
-마다	каждый	집집마다 꽃을 기른다.
-(이)야	именно	너야 시험을 잘 보겠지.
-(이)나, -(이)나마	хотя бы	자동차나 있었으면 좋겠다.

Они могут присоединяться к разным членам предложения;

к подлежащему – 나는 한국인이다.

к сказуемому – 이젠 슬프지도 않다.

к прямому дополнению – 거기에서 도서관도 구경했어요.

к обстоятельству – 이 버스는 종로까지 안 가요.

виды частиц		примеры
	субъектные	이, 가, 에서, 께서(вежл. ф.)
	предикативная	이다
	объектные	을, 를
падежные	комплементарные	이, 가
	атрибутивная	의
	звательные	야, 이시여...
	адвербиальные	에, 에게, 에서, 으로...
соединительные		과, 와, 하고...
смыслообразующие		은, 는, 도, 까지, 만...

3. Изменяемые части речи

3.1 Глагол

Глагол – это часть речи, которая обозначает дей ствие и в предложении обычно выступает в роли сказуемого.

가다'идти', 먹다'кушать', 노래하다'петь', 입다'одевать'

비가 <u>내린다</u>.
학생이 책을 <u>읽는다</u>.

3.1.1 Глаголы переходные и непереходные

По способности сочетаться с прямым дополнением глаголы делятся на переходные и непереходные.

Переходными называются глаголы, выражающие дей ствие, которое непосредственно направлено на объект, т. е. переходит на другой предмет, например

누구를кого 좋아하다любить
무엇을что

내가 **편지를** 쓴다.
동생이 **물을** 마신다.

Непереходные глаголы выражают дей ствие, которое прямо не переходит на другой предмет, например

새가 (나무에서) <u>노래한다</u>.

강물이 (바다로) <u>흐른다</u>.

3.1.2 Формоизменение глаголов

В корей ском языке глагол имеет наклонения, время, а также имеет формы вежливого, почтительного и вольного отношения. Все эти категории находят свое выражение при помощи окончаний , которые присоединяются к основе глагола.

По значению и местоположению окончания делятся на конечные и предконечные.

가겠다 – 가: основа

겠: предконечное

다: конечное

오시다 – 오: основа

시: предконечное

다: конечное

Предконечные окончания находятся между основой и конечным окончанием и по значению делятся на следу-ющие классы:

что обозначает		окончания	примеры
вежливое отнош.		-시-	보시다
почтительное отнош.		-옵-/-오-	하옵니다
время	прошедшее	-았-/-었-/-였-	보았다/먹었다/하였다
	настоящее	-는-/-ㄴ-	본다/먹는다/한다
	будущее	-겠-	보겠다/먹겠다/하겠다
	прошедшее (воспом.)	-더-	보더라/먹더라/하더라

Предконечные окончания должны употребляться с конечными окончаниями.

Конечные окончания по значению делятся следующим образом:

что обозначает		окончания
заключ.	повествовательное	-다, -ㄴ다[а]
	восклицательное	-구나, -도다[б]
	вопросительное	-냐, -ㅂ니까[в]
	повелительное	-거라[г], -십시오[д]
	побудительное*	-자, -ㅂ시다
соедин.	сочинительное	-면서, -고, -며[е]
	подчинительное	-니[ж], -면, -니까, -(으)러
	служебное	-게[з], -고
конвер.	**	-음, -기[и]
	***	-은, -는[к], -을, -던

*) В данном случае термин "побудительное предложение" означает предложение, в котором говорящий призывает адресата к совместному дей ствию. Побудительное предложение требует побудительных глагольных окончаний .

**) Посредством данных окончаний глагол может играть роль существительного.

 Пособие по грамматике корей ского языка

***) Посредством данных окончаний глагол может играть роль
атрибутивной   части речи.

> а) 누나가 노래를 <u>부른다</u>.
>
> б) 바다가 <u>소리치도다</u>!
>
> в) 선생님은 어디에 <u>계십니까</u>?
>
> г) 이제 그만 <u>자거라</u>.
>
> д) 우리 집으로 <u>갑시다</u>.
>
> е) <u>노래하며</u> 춤추자.
>
> ж) 밥을 <u>먹으니</u> 배가 부르다.
>
> з) 아기에게 과자를 <u>먹게</u> 한다.
>
> и) <u>걷기</u>가 힘들다.
>
> к) 한국말을 <u>배우는</u> 사람이 많다.

3.2 Имя прилагательное

Имя прилагательное – часть речи, которая выражает
признак предмета и имеет те же формы словоизменения,
что и глагол. В предложении имя прилагательное может
выступать в роли сказуемого, например

> 아름답다 – 꽃이 아름답다.
>
> 아름답구나 – 꽃이 아름답구나!
>
> 아름다우냐 – 무엇이 아름다우냐?
>
> 아름다운 – 아름다운 꽃

3.2.1 Качественные и указательные прилагательные

По значению прилагательные делятся на качественные и указательные.

Качественные прилагательные обозначают качество и состояние предмета, например

> 아이가 <u>예쁘다</u>.
> 날씨가 <u>좋다</u>.
> 산에 나무가 <u>많다</u>.
> 하늘이 <u>파랗다</u>.

Указательные прилагательные '그러하다, 저러하다, 어떠하다 и др.' отсылают к некоторому признаку или качеству, не называя его, так как это является заранее известным или подразумевается

> 내 생각도 <u>그러하다</u>.
> 네 의견은 <u>어떠하냐</u>?

3.2.2 Формоизменение прилагательных

Имя прилагательное изменяется так же, как и глагол.
Но у прилагательных отсутствуют некоторые формы
конечных окончаний .

что обозначает		окончания
заключительное	повествовательное восклицательное вопросительное	-다[a] -구나[б], -도다 -냐[в], -는가
соединительное	сочинительное подчинительное служебное	-며, -고[г] -니[д], -면, -니까 -게[е], -고
конверсионное	* **	-ㅁ[ж],-음, -기 -ㄴ[з], -은

*) Посредством данных окончаний прилагательное может играть роль существительного.

**) Посредством данных окончаний прилагательное может играть роль атрибутивной части речи.

    а) 무지개기 <u>아름납다</u>.

    б) 닭이 <u>밝구나</u>!

    в) 무엇이 <u>붉으냐</u>?

    г) 산이 <u>높고</u> 험하다.

    д) 날씨가 <u>따뜻하니</u> 졸음이 온다.

    е) 꽃이 <u>예쁘게</u> 피었다.

    ж) <u>아름다움은</u> 여인의 특권이다.

    з) <u>조용한</u> 시골에서 살고 싶다.

Предконечные окончания:

что обозначает		окончания	примеры
вежливое отношение		-시-	아름다우시다
почтительное отношение		-옵-/-사옵-	아름답사옵니다
время	прошедшее	-았-/-었-	아름다웠다
	настоящее	используется инф.	아름답다
	будущее	-겠-	아름답겠다
	прошедшее (воспоминание)	-더-	아름답더라

3.3 Изменяемые части речи

3.3.1 Значение и неопределённая форма изменяемых частей речи

Изменяемыми частями речи называют глаголы и имена прилагательные со значением дей ствия или состояния, которые в предложении играют роль сказуемого и соот- носятся с подлежащим.

подлежащее	сказуемое	
철수가	공부한다	глагол
꽃이	아름답다	прилагательное

Неопределённая форма (Инфинитив) изменяемых частей речи – это исходная форма, лишенная каких-либо грам-

матических показателей . Неопределённая форма изменяемых частей речи образуется с помощью суффикса '다'.
Суффикс '다' присоединяется к основе слова.

неопределённая форма	основа	суффикс
읽다 читать	읽-	-다
공부하다 учиться	공부하-	-다
아름답다 красивый	아름답-	-다
하얗다 белый	하얗-	-다

3.3.2 Главные и вспомогательные изменяемые части речи

Когда соединены две изменяемые части речи, первая из
них является главной изменяемой частью речи. И главная
изменяемая часть речи выражает реальное значение в
предложении.

предложение	главные	вспомогательные
나는 불고기를 먹어 보았다.	먹어	보았다
할머니가 문을 열어 주셨다.	열어	주셨다

한라산은 백두산보다 높지 않다.

산에 가고 싶다.

느낌을 적어 두다.

Слова, приведенные выше, – 않다, 싶다, 두다 – являются
глаголами и прилагательными (т. е. изменяемыми частями

речи). Но самостоятельно они(вспомогательные изменяемые части речи) не могут выступать в качестве сказуемого.

не правильны:

> 한라산은 백두산보다 않다.
>
> 산에 싶다.
>
> 느낌을 두다.

вспомог.	смысл	примеры
버리다	завершение	먹어 버려라 съешь
말다	запрещение	먹지 말아라 не ешь
않다	отрицание	듣지 않는다 не слушает
가다	процесс	일이 잘 되어 간다. Дела хорошо продвигаются.
있다	процесс	먹고 있다 ест
주다	услуга	열어 주다 открыл
드리다	услуга	권해 드린다 советует
대다	повторение	졸라 대다 умоляет
하다	необходимость	합격해야 한다 должен сдать

Вспомогательными изменяемыми частями речи называют
слова, которое играют роль сказуемого вместе с другими
изменяемыми частями речи. Те слова, которые употребляются перед вспомогательными изменяемыми частями речи
и являются обязательными в структуре предложения,
определяют как главные изменяемые части речи.

3.3.3 Окончания изменяемых частей речи

По значению и месту в составе слова окончания делятся
на предконечные и конечные (о предконечных окончаниях
– см. глагол и имя прилагательныюе).

Конечные окончания могут быть заключительными, со-
единительными и конверсионными.

① Заключительные окончания

В корей ском языке предложение завершается заключи-
тельным окончанием, форма которого зависит от цели
высказывания. Соответственно выделяют повествовательные, вопросительное, восклицательные, повелительные и
побудительные окончания. В зависимости от этих окончаний определяются виды предложения.

Повелительные и побудительные окончания не могут
присоединяться к основе прилагательного.

꽃아 예뻐라!   не употребляются
함께 예쁩시다.

② Соединительные окончания

Соединительные окончания связывают слова или предложения. По значению они делятся на сочинительные,
подчинительные и служебные.

Сочинительные:

примеры	отношение равноправности	
하늘은 높고 말은 살찐다. 하늘은 파랗고 구름은 하얗다.	하늘은 높고 하늘은 파랗고	말은 살찐다 구름은 하얗다

Подчинительные:

примеры	отношение зависимости	
	причина	результат
봄이 오면 꽃이 핀다. 몸이 아파서 학교에 못 갔다.	봄이 오면 몸이 아파서	꽃이 핀다 학교에 못 갔다

Служебные окончания связывают главные и вспомогательные изменяемые части речи, которые совместно играют
роль сказуемого в предложении.

примеры	сказуемое	
	глав. из. ч. р.	вспомог. из. ч. р.
아이가 과자를 먹고 있다. 나는 집에 가지 않았다.	먹고 가지	있다 않았다

③ Конверсионные окончания

Когда конверсионные окончания присоединяются к основе
изменяемых частей речи, глагол и имя прилагательное
играют роль:

существительного:

> 그 사람은 보기 싫다.(보 + 기: 보 – основа глагола '보다')

꽃의 <u>붉음</u>이 꼭 불꽃 같다.
(붉 + 음: 붉 – основа прилагательного '붉다')

атрибутивной части речи:

저기 <u>가는</u> 사람이 누구냐?(가 + 는: 가 – основа глагола '가다')

가을이 되니 <u>푸르던</u> 나뭇잎이 노랗게 되었다.
(푸르 + 던: 푸르 – основа прилагательного '푸르다')

время	глагол		имя прилагательное	
	оконч.	пример	оконч.	пример
прошедшее (соверш. вид)	-은	먹은 사람	-던	예쁘던 그 하늘
настоящее	-는	먹는 사람	-은	예쁜 그 하늘
прошедшее (воспоминание)	-던	먹던 사람	-던	예쁘던 그 하늘
будущее (догадка)	-을	먹을 사람	-을	예쁠 그 하늘

наречия:

꽃이 <u>아름답게</u> 피었다.
(아름답 + 게: 아름답 – основа прилагательного '아름답다')

3.3.4 Нерегулярные изменяемые части речи

① Если основа инфинитива изменяемых частей речи
оканчивается на согласный '비' и к этой основе присоединяется окончание, начинающееся гласным, согласный
'비' выпадает, а его место занимает гласный '工' или '丁'.

고맙다: 고맙+ 어요 → 고마+ 우+ 어요 → 고마워요

아름답다: 아름답+어요 → 아름다+우+어요 → 아름다워요

돕다: 돕+아요 → 도+오+아요 → 도와요

Исключения:

넓다 – 넓어요, 입다 – 입어요; 좁다, 집다, 업다, 씹다, 뽑다, 잡다

② Если основа инфинитива оканчивается на согласный '人' и к этой основе присоединяется окончание, начинающееся гласным, согласный '人' выпадает.

짓다: 짓+어요 → 지어요

낫다: 낫+아요 → 나아요

Исключения:

벗다 – 벗어요, 웃다 – 웃어요; 빼앗다, 씻다

③ Если к основе инфинитива, которая оканчивается слогом '르', присоединяются окончания, которые начинаются гласными '아' или '어', в основе инфинитива гласный '으' выпадает и добавляется согласный '르'.

나르다: 나르+아요 → 나ㄹ+ㄹ+아요 → 날라요

다르다: 다르+아요 → 다ㄹ+ㄹ+아요 → 달라요

기르다: 기르+어요 → 기ㄹ+ㄹ+어요 → 길러요

부르다: 부르+어요 → 부ㄹ+ㄹ+어요 → 불러요

④ Если к основе глагола, оканчивающей ся согласным 'ㄷ',

присоединяется окончание, которое начинается на гласный , согласный '⊏' переходит в согласный '⊇'.

걷다: 걷+어요 → 걸어요

듣다: 듣+어요 → 들어요

묻다спросить: 묻+어요 → 물어요

Исключения:

받다 – 받아요, 얻다 – 얻어요; 닫다, 쏟다, 믿다, 묻다хоронить

⑤ Если основа глагола кончается гласным 'ㅜ', этот гласный 'ㅜ' выпадает перед гласными.

푸다: 푸+어요 → 펴요

⑥ Если основа приланательного кончается согласным 'ㅎ', этот согласный 'ㅎ' выпадает перед согласными 'ㄴ, ㄹ, ㅁ, ㅅ, ㅇ'.

инфинитив	перед				
	'ㄴ'	'ㄹ'	'ㅁ'	'ㅅ'	'ㅇ'
어떻다	어떤	어떨까요	어떠면	어떠세요	–
하얗다	하얀	하얄까요	하야면	–	하양
파랗다	파란	파랄까요	파라면	–	파랑

4. Атрибутивная часть речи

Атрибутивная часть речи – это такая часть речи, которая определяет имя существительное и местоимение, стоящие после неё.

К атрибутивной части речи не могут присоединяться частицы. Она не имеет форм словоизменения.

По значению атрибутивные части речи делятся на качественные, указательные и числительные.

4.1 Качественные атрибутивные части речи

Качественные атрибутивные части речи обозначают качество или состояние предмета.

> 새 책, 헌 가방, 첫 사랑, 온갖 고생, 순 우리말,
> 전 국무총리

> 아버지께서 새 책을 사주셨다.
> 순 우리말로 이름을 지었다.

4.2 Указательные атрибутивные части речи

Так же, как и указательное местоимение, атрибутивная часть речи может указывать некоторое лицо, дей ствие или признак, но в отличие от первого не может использоваться самостоятельно.

의 사람, 그 학생, 다른 분, 아무 것

의 분은 누구십니까?
아무 사람이라도 괜찮습니다.

4.3 Числительные атрибутивные части речи

Числительные атрибутивные части речи обозначают количество предметов, выраженных существительным, которое стоит после атрибутивной части речи; 열 사람, 모든 학생, 두 시간.

Иногда числительные атрибутивные части речи употребляются вмесме с несамостоятельными существительными (счётными словами) и тогда находятся между существи-тельным, обозначающим наименование предмета, и счёт-ным словом; 연필 한 자루, 나무 다섯 그루, 책 세 권, 사과 여섯 개.

В отличие от имени числительного, атрибутивная часть речи зависит от существительного, к которому относится.

имя числительное	атрибутивная часть речи
사과 **다섯** 회원 **열**	사과 **다섯** 개 회원 **열** 명
학생 **다섯**이 옵니다. 친구가 **일곱**입니다.	학생 **다섯** 명이 옵니다. **일곱** 친구가 떠났습니다.

5. Наречие

Наречие обозначает признак дей ствия, предмета и признака. Наречие может относиться к глаголу, имени прилагательному, имени существительному и другому наречию, а также ко всему предложению.

Наречие не изменяется, как и атрибутивная часть речи.

Иногда наречие используется со служебными частицами.

올해 겨울은 몹시도 춥다. (몹시+도: наречие + служебная частица)

По значению наречия делятся на средующие типы:

виды	функция	примеры
качественное	определять глагол определять прилаг. определять сущест. подражать звуку подражать образу	자주[a], 잘 매우[б], 참 바로[в], 꼭 철썩철썩[г] 데굴데굴[д]
указательное	указывать время, место и др.	이리[е], 그리, 내일[ж]
отрицательное	отрицать	안[з], 못
модальное	выражать суждение выражать сомнение выражать надежду	과연[и] 설마[к] 제발[л]
соединительное	связывать предлож. связывать слова	그러나[м], 그리고[н] 또는[о], 및

a) 나는 도서관에 자주 간다.

б) 금강산은 매우 아름답다.

в) 우리 집 바로 옆은 공원이다.

г) 파도 소리가 철썩철썩 들린다.

д) 돌맹이가 데굴데굴 굴러왔다.

е) 이리 와서 앉아라.

ж) 나는 내일 떠나려고 한다.

з) 숙제를 아직 안 했다.

и) 과연 그가 죽고 말았다.

к) 설마 그럴리가?

л) 제발 조용히 있어 주세요.

м) 영화를 보았다. 그러나 내용이 기억나지 않는다.

н) 해일이 밀려왔다. 그리고 아무 것도 남지 않았다.

о) 비 또는 눈이 내릴 것이다.

6. Междометие

Междометие – часть речи, которая служит для выражения чувств и волеизъявления говорящего: 아, 아니, 어머나, 예, 어, 흥...

> 아, 언제 오셨어요?
> 어머나, 이를 어째?
> 에라, 잠이나 자자.

Междометие не изменяется. К междометию не могут присоединяться частицы.

Междометия в предложении могут располагаться в любом месте.

> 뭐, 그럴리가!
> 누구던가, 어, 생각이 안 나네.
> 잘 좀 해봐, 그렇지.

IV. Синтаксис

Синтаксис

1. Члены предложения

Члены предложения – это полнознаменательные слова или сочетания слов, которые составляют предложение. Члены предложения делятся на главные, зависимые и независимые.

члены предложения	главные	подлежащее сказуемое прямое дополнение комплементарное дополнение
	зависимые	определение обстоятельство
	независимые	самостоятельные слова

1.1 Главные члены предложения

Главные члены предложения образуют ядро предложения. К ним относятся подлежащее, сказуемое, прямое и комплементарное дополнение.

Подлежащее + сказуемое: 꽃이 핀다.

Подлежащее + прямое дополнение + сказуемое
: 가수가 노래를 부른다.

Подлежащее + комплементарное дополнение + сказуемое
: 그는 천재가 아니다.

1.1.1 Подлежащее

Подлежащее – это главный , граматически независимый член предложения, отвечающий на вопросы именитель-ного падежа КТО? ‘누가?’ или ЧТО? ‘무엇이?’.

> (누가?) <u>아이가</u> 울고 있다.
> (무엇이?) <u>꽃이</u> 아름답다.

Подлежащее составляют главные части речи в сочетании с субъектными падежными частицами ‘이, 가, 께서, 에서’.

> <u>산이</u> 높다.
> <u>하나가</u> 남았다.
> <u>그녀가</u> 전화를 걸었다.
> <u>아버지께서</u> 오셨다.
> 우리 <u>학교에서</u> 우승을 하였다.

Частица ‘에서’ может присоединяться только к неодуше-влённым собирательным существительным.

> <u>학교에서</u> 청소를 한다.
> <u>학생들에서</u> 청소를 한다.

Вместо субъектных частиц могут употребляться служеб-ные частицы ‘은, 는, 도’.

> <u>지구는</u> 태양의 주위를 돈다.

<u>학생은</u> 공부를 해야 한다.

<u>나도</u> 가고 싶다.

В разговорной речи частицы часто выпадают.

<u>나</u> 간다. (→ 나는)

<u>할아버지</u> 오셨다. (→ 할아버지께서)

<u>저 사람</u> 뭐 하니? (→ 저 사람이 저 사람은)

Роль подлежащего могут играть изменяемые части речи, перешедшие в существительное при помощи конверсионных частиц, если они употребляются совместно с субъектными частицами.

<u>바라보기가</u> 민망하다. (바라보기 ← 바라보다)

<u>희기가</u> 눈과 같다. (희기 ← 희다)

1.1.2 Сказуемое

Сказуемое – это главный член предложения, который соотносится с подлежащим, обозначая присущий ему признак.

새가 (что делает?) <u>운다</u>. (→ глагол)

하늘이 (каково?) <u>파랗다</u>. (→ прилагательное)

철수는 (кто он такой ?) <u>학생이다</u>.
(→ существительное + предикативная частица)

Сказуемое может быть выражено глаголом, прилагательным и сочетанием главных частей речи с заключительной
формой предикативной частицы '이다', причём частица
не обязательна и иногда опускается.

우리의 소원은 <u>통일</u>.
여기는 우리의 <u>조국</u>.

Зачастую выпадение предикативной частицы можно
наблюдать в стихах, рекламных выражениях и заголовках.

В корей ском языке сказуемое всегда стоит в конце предложения.

В зависимости от типа сказуемого предложения делятся
на четыре разряда;

① Подлежащее + [главные части речи + предикативная
частица '이다']

이것이 책이다.
내가 주인이다.

② Подлежащее + [имя прилагательное]

꽃이 예쁘다.
경치가 좋다.

③ Подлежащее + [непереходный глагол]

해가 뜬다.

바람이 분다.

④ Подлежащее + прямое дополнение + [переходный глагол]

친구가 여행을 떠났다.

고양이가 우유를 먹는다.

1.1.3 Прямое дополнение

Прямое дополнение относится к переходному глаголу, обозначает предмет, на который непосредственно направлено дей ствие, и отвечает на вопросы винительного падежа КОГО? '누구를' или ЧТО? '무엇을'.

모두 (кого?) 그를 기다렸다.

사냥꾼이 (что?) 사냥을 한다.

В корей ском языке роль прямого дополнения играют главные части речи или субстантивированные слова, к которым присоединяются объектные падежные частицы '을, 를'.

동생이 유리창을 닦는다. (→ существительное + 을)

형이 나를 기다린다. (→ местоимение + 를)

친구가 사과 하나를 주었다. (→ числительное + 를)

그녀는 <u>노래하기를</u> 좋아한다. (→ субстан. с. + 를)

Употребление объектных падежных частиц не является обязательным.

나, <u>그림</u> 그려. (→ 그림을)

<u>노래</u> 들어. (→ 노래를)

1.1.4 Комплементарное дополнение

Иногда в предложении сказуемое требует использования дополнительного члена предложения, семантически восполняющего его смысл. Такой член предложения называется комплементарным дополнением.

В том числе, прилагательное '아니다' и глагол '되다', выступающие в предложении сказуемым, должны употребляться только с комплементарным дополнением.

그녀는 <u>교수가</u> 아니다.

물이 <u>얼음이</u> 되었다.

Формы комплементарных падежных частиц совпадают с формами субъектных падежных частиц.

1.2 Зависимые члены предложения

1.2.1 Определение

Определение обозначает признак предмета и может относиться только к членам предложения, выраженным главными частями речи. Оно отвечает на вопросы КАКОЙ? '어떤?', ЧЕЙ? '누구의?'.

(какая?) **새** 옷, (чья?) **철수의** 가방

В предложении функцию определения выполняют следующие части речи:

① Атрибутивная часть речи призвана играть в предложении только роль определения.

할머니께서 **헌** 구두를 신으셨다.
영희가 **새** 옷을 입고 있다.
저 산을 보아라.

② Сочетание слов, в котором атрибутивная падежная частица '의' присоединяется к главным частям речи.

영희의 장갑 (→ существительное + 의)
그녀의 그림자 (→ местоимение + 의)

하나의 예 (→ числительное + 의)

누나의 볼이 빨개졌다.

그는 우리의 친구가 되었다.

이것이 제 삼의 조건이다.

Атрибутивная частица может опускаться.

가정 교육 (→ 가정의), **우리** 가족 (→ 우리의)

③ Атрибутивная часть речи образуется от глагола и прилагательного при помощи конверсионных окончаний '-는, -(으)ㄴ, -(으)ㄹ, -던'.

정원에 빨간 장미가 피었다.

여기는 내가 아는 곳이 아니다.

우리가 돌아갈 고향은 어디인가.

이곳은 모든 사람들이 꿈꾸던 낙원이다.

빨갛다 красный : основа '빨갛' + '-ㄴ' → 빨가 + ㄴ → 빨간

알다 знать : основа '알' + '-는' → 아 + 는 → 아는

돌아가다 вернуться : основа '돌아가' + '-ㄹ' → 돌아길

꿈꾸다 мечтать : основа '꿈꾸' + '-던' → 꿈꾸던

1.2.2 Обстоятельство

Обстоятельство – это член предложения, который поясняет сказуемое или другие члены предложения.

относится к сказуемому: 날씨가 **매우** 좋다.

относится к определению: 그것은 **아주** 새 차로구나.

В предложении роль обстоятельства играют наречие и главные части речи, к которым присоединяются адвербиальные падежные частицы.

시장에 <u>자주</u> 간다. (자주 – наречие)

그 사람은 <u>벌써</u> 떠났다. (벌써 – наречие)

군인들이 <u>고향으로</u> 돌아왔다.(→ существительное+ '-으로')

동생이 <u>강에서</u> 수영을 한다.(→ существительное+ '-에서')

смысл	форма	примеры
место, местонахождение, время, принадлежность	에서, 에, 에게, 한테	바다에서 수영을 한다.(место) 서울에 있다.(местонахождение) 10시에 오다.(время) 그녀에게 책이 많다.(местонахож.) 철수한테 아들이 있다.(принад.)
направление, прибытие	에, 에게, 한테, 으로	집에 공을 던지다.(направление) 누구에게 줄까?(направление) 철수한테 있다.(прибытие) 집으로 갔다.(направление)
отбытие	에서, 에게서, 한테서	학교에서 왔다.(отбытие) 아버지에게서 들었다.(отбытие)
причина	에, 으로	큰 소리에 잠을 깼다.(причина) 병으로 지각했다.(причина)
материал, орудие, средство	으로, 으로써	쇠로 도구를 만들었다.(матер.) 펜으로 글을 쓴다.(орудие)
квалификация	으로, 으로서	대표로서 참석하다. 반장으로서 이야기하다.
изменение	으로	얼음으로 되다.
совместность	와/과, 하고	누구와 함께 있었니? 친구하고 놀았다.
сравнение	와/과, 보다, 처럼, 만큼	너는 나와 같다. 배가 산보다 크다. 꽃처럼 예쁘다. 그녀만큼 너도 키가 크다.

В зависимости от выражаемого ими значения выделяют следующие виды обстоятельств.

① образа действия: <u>빨리</u> 달린다.

    <u>사자처럼</u> 싸운다.

② места: <u>집에서</u> 놀았다.

도서관에 간다.

③ времени: 다섯 시에 오너라.

내일 다시 만납시다.

④ причины: 총소리에 놀랐다.

어제는 감기로 결석했습니다.

⑤ совместного действия: 강아지하고 놀았다.

이것을 누구와 함께 했느냐?

Обстоятельства могут относиться к одному члену предложения

몸이 **너무** 아프다.

그는 공부를 **아주** 잘 한다.

либо к предложению в целом.

확실히 그는 머리가 좋은 사람이다.

과연 그분은 위대한 정치가였어요.

1.3 Независимый член предложения

1.3.1 Самостоятельные слова

Самостоятельные слова грамматически не связаны с другими членами предложения и употребляются независисмо
от них.

Междометие и сочетания слов, в состав которых входят звательные падежные частицы '아, 야, 이시여' и главные части речи, являются самостоятельными словами.

> 아, 참 아름답구나. (아 – междометие)
>
> 아니, 언제 오셨어요? (아니 – междометие)
>
> 하늘이시여, 조국을 지켜주소서. (→ сущ. + '-이시여')
>
> 영희야, 놀자. (→ сущ. + '-야')

Звательные частицы могут быть опущены.

> 영희, 조용히 해라.
>
> 철수, 이리 좀 와라.

Необходимо отметить, что звательные частицы не присоединяются к неодушевлённым существительным.

> 구름, 그것은 하늘의 조각배.
>
> 청춘, 이것은 듣기만 해도 가슴이 설레는 말이다.

Соединительные наречие, которые связывают предложения, также выступают в качестве самостоятельного слова.

> 지금은 봄이다. 그런데 눈이 내리고 있다.
>
> 많은 어려움을 겪었다. 그러나 마침내 정상에 올랐다.

2. Функции и значение грамматических факторов

2.1 Страдательный и побудительный залог

2.1.1 Страдательный глагол

Если глагол способен сочетаться с существительным, выполняющим функцию подлежащего и испытывающим на себе дей ствие со стороны другого лица, его называют глаголом страдательного залога.

Страдательные глаголы образуются, главным образом при помощи суффиксов '-이-, -히-, -리-, -기-', которые присоединяются к корням переходных глаголов.

суффикс	исходный глагол		страдательный глагол	
-이-	보다	видеть	보이다	быть видным
	놓다	класть	놓이다	быть положенным
	쌓다	складывать	쌓이다	быть сложенным
-히-	먹다	есть	먹히다	быть съеденным
	잡다	ловить	잡히다	быть пой манным
	닫다	закрывать	닫히다	закрываться
	묻다	хоронить	묻히다	быть похороненным
-리-	듣다	слушать	들리다	слушаться
	풀다	развязывать	풀리다	развязываться
	팔다	продавать	팔리다	продаваться
	열다	открывать	열리다	открываться
-기-	안다	обнимать	안기다	быть обнятым
	빼앗다	отнимать	빼앗기다	быть отнятым
	쫓다	преследовать	쫓기다	быть преследуемым
	감다	наматывать	감기다	быть намотанным

물고기가 잡혔다. Рыба пой мана.

문이 열렸다. Дверь открыта.

돈을 빼앗겼다. Деньги были отняты.

Существует ещё один способ образования страдательного глагола: корень исходного слова + соединительное окончание '-어-' + вспомогательный глагол '-지다'.

풀다: 풀+ 어+ 지다 → 풀어지다 (= 풀리다)

넘어지다падать, 어두워지다темнеть,

슬퍼지다стать грустным

2.1.2 Побудительный глагол

Побудительный залог в глаголе выражает принуждение к совершению дей ствия со стороны субъекта предложения. Чтобы образовать глогол побудительного залога, необходимо присоединить суффиксы '-이-, -히-, -리-, -기-, -우-, -구-, -추-' к корню глогола или прилагательного.

суффикс	исходное слово	побудительный глагол
-이-	속다 обманываться 먹다 есть 높다 высокий	속이다 обманывать 먹이다 заставлять есть 높이다 повышать
-히-	앉다 сидеть 넓다 широкий	앉히다 заставлять сесть 넓히다 расширять
-리-	울다 плакать 알다 знать 얼다 замерзать	울리다 заставлять плакать 알리다 давать знать 얼리다 замораживать
-기-	웃다 смеяться 숨다 прятаться 벗다 раздеваться	웃기다 заставлять смеяться 숨기다 заставлять прятать 벗기다 раздевать
-우-	깨다 пробуждаться 서다 стоять 자다 спать	깨우다 пробуждать 세우다 заставлять стоять 재우다 укладывать спать
-구-		떨구다 ронять 일구다 пахать
-추-	낮다 низкий 늦다 поздний	낮추다 снижать 늦추다 задерживать

어머니가 아기에게 젖을 먹인다. Мама кормит ребёнка грудью.

이것이 사람을 웃긴다. Это заставляет людей смеяться.

아침마다 나는 그를 깨운다. По утрам я бужу его.

Побудительный глагол образуется также иным способом: корень изменяемых частей речи + соединительное окончание '-게-' + вспомогательный глагол '하다'.

먹게 하다 (= 먹이다), 앉게 하다 (= 앉히다)

웃게 하다 (= 웃기다), 서게 하다 (= 세우다)

2.2 Категория времени

Категория времени – это грамматическая категория, которая выражает отношение дей ствия к моменту речи.

В корей ском языке время находит свое грамматическое выражение в окончаниях изменяемых частей речи, например '-는-' в слове 읽는다(читает), '-었-' в слове 읽었다 (читал), '-았-' в слове 높았다(было высоко).

Глагол и прилагательное могут стоять в настоящем, прошедшем и будущем времени.

2.2.1 Настоящее время

Настоящее время указывает на то, что дей ствие совпадает с моментом речи.

В глаголах настоящее время выражается посредством окончаний '는' или 'ㄴ': 가다 – 간다, 먹다 – 먹는다. У имён прилагательных в качестве формы настоящего времени выступает инфинитив: 예쁘다, 좋다, 화려하다.

철수가 공을 <u>찬다</u>. (ударит)

영희가 책을 <u>읽는다</u>. (читает)

얼굴이 <u>까맣다</u>. (смуглое)

나는 요즈음 매우 <u>바쁘다</u>. (занят)

Кроме того, настоящее время может употребляться при выражении постоянных и повторяющихся дей ствий предмета, а также качества или состояния, неотъемлемо ему присущего.

지구는 태양을 돈다. Земля вращается вокруг солнца.

꽃은 아름답다. Цветы красивые.

그는 자주 공원에 간다. Он часто ходит в парк.

С наречием, указывающим на будущее время, формы настоящего времени выражают дей ствие, которое произой дёт послс момснта рсчи.

나는 <u>내일</u> 서울에 <u>간다</u>. Завтра я еду в Сеул.

<u>다음 주에</u> 전시회가 <u>열린다</u>. На следующей неделе открывается выставка.

2.2.2 Прошедшее время

Прошедшее время указывает на то, что дей ствие происходило до момента речи. Оно образуется от основы инфинитива изменяемых частей речи с помощью окончаний ‘-었-’, ‘-았-’, ‘-였-’: 읽다 - 읽었다, 보다 - 보았다, 하다 - 하였다.

> 어제 나는 집에 <u>있었다</u>. (был)
>
> 그는 어릴 때 무척 <u>예뻤다</u>. (был красив)
>
> 그들은 서로 <u>사랑하였다</u>. (любили)

Окончание ‘-였-’ присоединяется только к основе изменяемых частей речи, которые образуются с помощью суффикса ‘-하다’: 공부하다 → 공부하였다 → 공부했다, 착하다 → 착하였다 → 착했다.

Прошедшее время также может выражать дей ствие, завершившееся в прошлом, результат которого сохраняется в настоящем.

> 나는 친구를 만났다. Я встретил друга.
>
> 그는 담배를 끊었다. Он перестал курить.

В том случае, если дей ствие происходило в отдаленном прошлом и последствия его не сохранились или не имеют значения для настоящего времени, применяются окончания ‘-았었-’, ‘-었었-’, ‘-였었-’.

> 작년에 나는 부산에 갔었다. В прошлом году я поехал в
> Пусан.(→ Но теперь я в другом месте.)
>
> 3년 전에 그는 군인이었었다. Три года назад он был
> солдатом.(→ Но теперь нет.)

2.2.3 Будущее время

Будущее время указывает на то, что дей ствие будет происходить после момента речи. Окончание '-겠-' выражает будущее время, например

> 책은 내일 <u>읽겠다</u>. (буду читать)
> 꽃이 <u>피겠다</u>. (будет цвести)

Если в предложении субъект речи стоит в первом лице, а глагол – в будущем времени, оно выражает волеизъявление говорящего или его намерение осуществить дей ствие.

> <u>나는</u> 지금 숙제를 <u>하겠다</u>.
> <u>나는</u> 그 사람을 <u>만나지 않겠다</u>.
> <u>내가</u> 그 일을 <u>끝내겠다</u>.

Окончание '-겠-' может выражать возможность или вероятность совершения дей ствия.

> 나도 그 문제는 <u>풀겠다</u>. Я тоже могу решить этот вопрос.
> (→ возможность)

> 내일은 눈이 <u>오겠다</u>. Кажется, завтра будет снег.
> (→ предположение)

> 지금 한국은 <u>덥겠다</u>. В Корее, кажется, теперь жарко.
> (→ предположение)

> 그녀는 어렸을 때는 <u>예뻤겠다</u>. Кажется, она была красивой ,
> когда была маленькой .(→ предположение)

2.3 Выражение вежливого отношения в корейском языке

В корейском языке чрезвычайно развиты и очень разнообразны формы выражения вежливого отношения.

Когда говорящий хочет выразить почтительность к некоему лицу, которое является в предложении подлежащим, необходимо употребить окончание '-시-'. Если же говорящий хочет выразить вежливое и почтительное отношение к собеседнику, используются определённые заключительные окончания. Кроме того, в корейском языке существуют специальные слова для передачи уважительного смысла.

2.3.1 Способы выражения вежливого отношения

В том случае, если лицо, выступающее в качестве подлежащего, имеет высокий социальный статус (напр. президент, родители, начальник, гости и др.) или старше, чем говорящий, необходимо употреблять вежливую форму окончания '-시-', которая присоединяется к основе изменяемых частей речи.

В первом лице, то есть по отношению к самому себе, говорящий не может использовать этой формы окончаний.

선생님께서 <u>오십니다</u>.

그 분은 매우 <u>친절하십니다</u>.

할아버지는 연세가 <u>많으시다</u>.

Если адресат речи старше, чем лицо, которое играет в предложении роль подлежащего, окончание '-시-' неуместно.

할아버지, 아버지가 왔습니다.

Отец(아버지), конечно, старше меня. поэтому надо употреблять вежливое окончание '-시-'. Но в этом предложении адресат речи - дедушка(할아버지), который старше отца. Поэтому здесь отсутствует окончание '-시-'.

Хотя суъект является значительным лицом, окончание '-시-' не употребляется в официальных сообщениях (в новостях, в учебнике и др.).

대통령이 러시아를 방문한다.
충무공은 뛰어난 전략가이다.

Как сказано выше, заключительные окончания тоже могут применяться для выражения вежливого отношения. (см. раздел "Заключительные окончания в прадложении")

часть речи	слово			значение
	ней тральное	вежливое	скромное	
сущ.	말 이 술 집 밥 병 나이	말씀 치아 약주 댁 진지 병환 연세		речь зуб спиртные напитки дом еда болезнь возраст
мест.	그 사람 나 우리	그 분	저 저희	он я мы
глагол	주다 만나다 자다 먹다 말하다 죽다	드리다 뵙다 주무시다 잡수시다 여쭈다 돌아가시다		дать встречать спать есть говорить, спросить скончаться
част.	-이/-가 -에게	-께서 -께		*) 아버지께서 선생님께
суфф.		님		*) 교수님, 형님

아버지께서 진지를 잡수신다.

선생님 댁에 갑시다.

연세가 어떻게 되십니까?

2.4 Заключительные окончания в предложении

Обязательным элементом каждого предложения в корей –

ском языке являются заключительные окончания. Они стоят в конце предложения и в зависимости от цели высказывания делятся на повествовательные, вопросительные, восклицательные, повелительные и побудительные.

Ещё один признак, характеризующий предложение в корей ском языке и связанный с заключительными окончаниями, – степень вежливости.

2.4.1 Повествовательное предложение

Повествовательное предложение – это предложения, направленные на констатацию каких-либо фактов. В конце повествовательного предложения ставится точка.

앵무새가 말을 한다.

한국어 공부는 재미있습니다.

степень		окончание	пример
официальная	вольная	-다	가겠다
	непринуждённая	-네	가겠네
	вежливая	-소	가겠소
	очень вежливая	-ㅂ니다	가겠습니다
неофициальная	вольная	-아/-어	가
	вежливая	-아요/-어요	가요

더워서 못 견디겠다.

더워서 못 견디겠네.

더워서 못 견디겠소.

더워서 못 견디겠습니다.

더워서 못 견디겠어.

더워서 못 견디겠어요.

2.4.2 Восклицательное предложение

Восклицательное предложение – это предложения, которые отличаются повышенной эмоциональностью.

벌써 봄이로구나!

오늘은 달도 참 밝구려!

어느새 한 해가 가는군요.

степень		окончание присоединяется		
		к глоголу	к прилаг.	к предик. частице
офиц.	вольная	-는구나	-구나	-로구나
	непринуждённая	-는구먼	-구먼	-로구먼
	вежливая	-는구려	-구려	-로구려
неофиц.	вольная	-는군	-군	-로군
	вежливая	-는군요	-군요	-로군요
примеры		먹는구나	예쁘구나	(여름)이로구나
		먹는구먼	예쁘구먼	- 이로구먼
		먹는구려	예쁘구려	- 이로구려
		먹는군	예쁘군	- 이로군
		먹는군요	예쁘군요	- 이로군요

2.4.3 Вопросительное предложение

Вопросительное предложение – это предложения, цель
которых – в побуждении к получению информации.

어느 것이 더 좋아요?

그 분은 누구십니까?

무엇을 읽고 있느냐?

степень		окончание	пример
офиц.	вольная	-느냐	어디 가느냐?
	непринуждённая	-는가	어디 가는가?
	вежливая	-오	어디 가오?
	очень вежливая	-ㅂ니까	어디 갑니까?
неофиц.	вольная	-아/-어, -니	어디 가? 어디 가니?
	вежливая	-아요/-어요	어디 가요?

2.4.4 Повелительное предложение

Повелительное предложение – это предложения, в которых говорящий высказывает просьбу, приказ, побуждение
и др.

이 책을 읽어라.

마음에 드는 것을 고르게.

시험 삼아 한 번 해보아.

степень		окончание	пример
офиц.	вольная	-아라/-어라	읽어라
	непринуждённая	-게	읽게
	вежливая	-오	읽으오
	очень вежливая	-ㅂ시오	읽으십시오
неофиц.	вольная	-아/-어	읽어
	вежливая	-아요/-어요	읽어요

2.4.5 Побудительное предложение

Побудительное предложение – это предложения, в которых говорящий призывает адресата к совместному дей ствию.

빨리 합시다.

노래하세.

우리 모두 춤을 추자.

степень	окончание	пример
вольная	-자	떠나자
непринуждённая	-세	떠나세
вежливая	-ㅂ시다	떠납시다
очень вежливая	-시지요	떠나시지요

2.5 Отрицание

В корей ском языке предложения с отрицанием образуются по-разному, в зависимости от вида сказуемого и типа предложения по цели высказывания.

2.5.1 Отрицание в повествовательном и вопросительн ом предложении

① Если в повествовательном и вопросительном предложении роль сказуемого играет сочетание слов(имена
существительные + изменяемые формы предикативной
частицы '-이다'), отрицание производится следующим
способом.

그녀는 <u>선생님이다</u>. Она учительница.
그녀가 <u>선생님이냐</u>? Она учительница?
그 사람은 <u>대학생입니다</u>. Он студент.
그 사람은 <u>대학생입니까</u>? Он студент?

그녀는 선생님이 <u>아니다</u>. Она не учительница.
그녀가 선생님이 <u>아니냐</u>? Она не учительница?
그 사람은 대학생이 <u>아닙니다</u>. Он не студспт.
그 사람은 대학생이 <u>아닙니까</u>? Он не студент?

В отрицательных предложениях вместо изменяемых форм
предикативной частицы '-이다' употребляются изменяемые
формы имени прилагательного '아니다'.

② Если роль сказуемого выполняет глагол, отрицательные
предложения образуются двумя способами.

누나가 시장에 <u>간다</u>. Старшая сестра идёт на рынок.

친구가 책을 <u>읽는다</u>. Друг читает книгу.

Первый способ заключается в сочетании отрицательного наречия '안' и глагола; или основы глагола и '-지 않-'.

누나가 시장에 <u>안 간다</u>. (не идёт)
누나가 시장에 <u>가지 않는다</u>. (не идёт)
친구가 책을 <u>안 읽는다</u>. (не читает)
친구가 책을 <u>읽지 않는다</u>. (не читает)

В этом случае отрицание подразумевает, что дей ствие не совершается по воле говорящего. Значит, исходя из вышеуказанных предложений , сестра не идёт на рынок, потому что не хочет, и друг не читает книгу, потому что не желает этого.

Второй способ состоит в сочетании отрицательного наречия '못' и глагола; или основы глагола и '-지 못 하-'.

누나가 시장에 <u>못 간다</u>. (не может идти)
누나가 시장에 <u>가지 못한다</u>. (не может идти)

친구가 책을 <u>못 읽는다</u>. (не может читать)
친구가 책을 <u>읽지 못한다</u>. (не может читать)

На этот раз отрицание означает, что дей ствие не совершается из-за объективной невозможности или физической неспособности субъекта дей ствия. Вероятно, сестра не может идти на рынок, потому что она заболела или по какой -либо другой причине. Друг не может читать книгу из-за шума либо по неграмотности.

Когда в предложении с отрицанием находится глагол, образованный из имени существительного при помощи суффикса '-하다', отрицательные наречия '안' и '못' занимают место в интерпозиции между существительным и суффиксом.

　　　　그녀는 <u>공부한다</u>.　　Она учится.

　　　　그녀는 <u>공부 안 한다</u>. Она не учится.
　　　　그녀는 <u>공부 못 한다</u>. Она не может учиться.

И другие формы соответственно.

　　　　그녀는 <u>공부하지 않는다</u>. Она не учится.
　　　　그녀는 <u>공부하지 못한다</u>. Она не может учиться.

③ Если роль сказуемого играют прилагательные, отрицание образуется следующим способом.

　　　　이 책은 좋다. Эта книга хорошая.
　　　　운동장이 넓다. Площадка большая.

　　　　이 책은 <u>안 좋다</u>. (не хорошая)
　　　　운동장이 <u>안 넓다</u>. (не большая)
　　　　→ отрицательное наречие '안' + прилагательное

이 책은 좋지 않다. (не хорошая)

운동장이 넓지 않다. (не большая)

→ основа прилагательного + '지 않-'

Когда в качестве сказуемого выступают имена прилагательные, отрицательное наречие '못' не употребляется.

Единственное основание для употребления формы '-지 못하-' - сожаление говорящего по поводу недостижимости ожиданий .

이 책은 좋지 못하다.

운동장이 넓지 못하다.

2.5.2 Отрицание в повелительном и побудительном п редложении

Отрицание в повелительном и побудительном предложении выражается сочетанием слов '-지 말-', например

가라!   Иди!

갑시다.   Пой дём вместе.

가지 말아라!   Не иди!

가지 맙시다.   Не идём.

ВИДЫ предложения	сказуемое	отрицательная форма	
		краткая	длинная
повествовательное	глагол	안	-지 않-
и	прилагательное	못	-지 못하-
вопросительное	**		-이/-가 아니-
*	глагол		-지 말-

* повелительное и побудительное

** имя существительное + предикативная частица '이다'

антоним	반의어		
артикуляция	조음		
ассимиляция	동화		
атрибутивная часть речи	관형사		
качественная ______	성상 _____		
указательная ______	지시 _____		
числительная ______	수 _____		
аффикс	접사		
аффиксальный способ	파생		
аффриката	파찰음		
боковой	유음		
время	시제		
будущее ________	미래 _____		
настоящее ________	현재 _____		
прошедшее ______	과거 _____		
главные части речи	체언		
глагол	동사		
непереходный ______	자동사		
переходный ________	타동사		
побудительный ______	사동사		
страдательный ______	피동사		
глайд	반모음		
гласный	모음		
неоглублённый ______	평순 _____		
оглублённый ________	원순 _____		
простой __________	단모음		

редуцированный _____   약화 _____

говорящий   화자

дифтонг   이중모음

звук   소리, 음성

   глоттализованный _____   된소리

   придыхательный _____   거센 소리

   простой _____________   예사 소리

значение   의미

изменяемые части речи 용언

   вспомогательные _____   보조 _____

   главные _____   본 _____

   нерегулярные _____   불규칙 _____

имя прилагательное   형용사

   качественное _____   성상 _____

   указательные _____   지시 _____

имя существительное   명사

   нарицательное _____   보통 _____

   несамостоятельное _____   의존

   самостоятельное _____   자립 _____

   собирательное _____   집합 _____

   собственное _____   고유 _____

имя числительное   수사

   количественное _____   양 _____

   порядковые _____   서 _____

инфинитив   기본형

комплементарное дополнение 보어

корень   어근

лексика   어휘

лицо   인칭

междометие	감탄사		
местоимение	대명사		
личное	____	인칭	____
указательное	____	지시	____
морфема	형태소		
значимая	____	실질	____
служебная	____	형식	____
морфология	형태론		
наречие	부사		
качественное	____	성상	____
модальное	____	양태	____
отрицательное	____	부정	____
соединительное	____	접속	____
указательное	____	지시	____
неопределённая форма	기본형		
носовой	비음		
обстоятельство	부사어		
окончание	어미		
заключительное	____	종결	____
конверсионное	____	전성	____
конечное	____	어말	____
предконечное	____	선어말	____
соединительное	____	연결	____
омоним	동음이의어		
опрсдслснис	관형어		
основа	어간		
отрицание	부정		
падеж	격		
побудительный залог	사동		

подлежащее	주어
полугласный	반모음
предложение	문장
вопроситеотное _____	의문문
восклицательное _____	감탄문
побудительное _____	청유문
повелительное _____	명령문
повествовательное _____	평서문
приставка	접두사
произношение	발음
прямое дополнение	목적어
род	성
самостоятельное слово	독립어
синоним	동의어
синтаксис	통사론
сказуемое	서술어
слово	단어
многозначное _____	다의어
олнозначное _____	단의어
словообразование	조어
слог	음절
сложение	합성
смычный	파열음
смягчение	구개음화
согласный	자음
глухой _____	무성 _____
звонкий _____	유성 _____
страдательный залог	피동
суффикс	접미사

фонема   음운

фонетика   음성학

фрикативный   마찰음

частица   조사

     падежная _________   격조사

       адвербиальная _____   부사격 조사

       атрибутивная ______   관형격 조사

       звательная _________   호격 조사

       комплементарная _____   보격 조사

       объектная _________   목적격 조사

       предикативная _____   서술격 조사

       субъектная ________   주격 조사

     смыслообразующая _____   보조사

     соединительная _____   접속조사

часть речи   품사

число   수

     единственное _____   단수

     множественное _____   복수

член предложения   문장 성분

     главный _____   주성분

     зависимый _____   부속성분

     независимый _____   독립성분

• 저자 •

어건주   •약 력•

한국외국어대학교 노어과 졸업
한국외국어대학교 대학원 노어노문학과 석사, 박사
현재 경상대학교 학술연구교수

•주요논저•

『러시아어 재귀대명사 연구』
『러시아 문자의 기원』
『러시아어 어원론』(공편저)
외 다수

Пособие по грамматике корейского языка

• 초판 인쇄	2007년 3월 30일
• 초판 발행	2007년 3월 30일
• 지 은 이	어건주
• 펴 낸 이	채종준
• 펴 낸 곳	한국학술정보㈜
	경기도 파주시 교하읍 문발리 526-2
	파주출판문화정보산업단지
	전화 031) 908-3181(대표) · 팩스 031) 908-3189
	홈페이지 http://www.kstudy.com
	e-mail(출판사업부) publish@kstudy.com
• 등 록	제일산-115호(2000. 6. 19)
• 가 격	7,000원

ISBN 978-89-534-6549-7 93710 (Paper Book)
      978-89-534-6550-3 98710 (e-Book)